Die Konfrontation

Kunstgedanken

Band 4

Jan Kern

Die Konfrontation

Kunstgedanken

Band 4

Bibliografische Information Der Deutschen Bibliothek: Die Deutsche Bibliothek verzeichnet diese Publikation in der Deutschen Nationalbibliografie; detaillierte bibliografische Daten sind im Internet über www.ddb.de abrufbar.

Cover: Nadja Timm
Layout: SichelWerk

1.Auflage
© 2021 – Jan Kern
Herstellung und Verlag: Books on Demand GmbH, Norderstedt
ISBN 978-3-754-34843-7

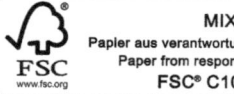

Der Seelenfrieden

Es geistern Gefühle in meinem Kopf herum, die mich oftmals unerwartet und unvorbereitet treffen und sich zu einem Szenario entwickeln, wo alles außer Kontrolle geraten kann.

Doch plötzlich nichts, nur Stille, absolute Stille, wobei nichts mehr ist, wie es vorher war.

Nun wird mir in diesem Augenblick mehr und mehr bewusst, dass ich doch zu mir selbst finden kann, sodass allmählich wieder Ruhe und Gelassenheit bei mir zurückkehrt, und ich den inneren Seelenfrieden für mich entdecke.

Alles andere erscheint mir dabei vollkommen unwichtig.

Denn ist das Ziel des Seelenfriedens tatsächlich erreicht, erkennt der Mensch die wahre Größe des Lebens und die Probleme, die zuvor unlösbar erschienen, können leichter gelöst werden.

Diese Gewissheit ist für mich eine Form der Befreiung, eine Einheit von Seele und Geist.

(Inspiriert von Torge Eipper/ Angelika Winter)

(Sommer 2000)

Zufall oder vorherbestimmtes Schicksal?

Viele Zusammenhänge unseres Lebens oder auch unseres Daseins, die uns häufig mysteriös und geheimnisvoll erscheinen, sind für uns Menschen kaum definierbar oder verständlich, und wir beginnen die Suche nach den richtigen Antworten.

Bei der Suche nach den passenden Antworten, entsteht oft der Versuch, sich bestimmte Begegnungen oder Ereignisse, die Einfluss auf unser Leben oder Dasein nehmen können, mit dem Prinzip des Zufalls zu erklären, aber es drängen sich auch Zweifel auf, und Du fragst dich: „Zufall oder vorherbestimmtes Schicksal"?

Selbst wenn Du keine Antwort auf Deine Frage findest, so ist doch eines sicher, nämlich einem vorherbestimmten Schicksal können wir uns niemals entziehen.

Daher frage Dich selbst: „Warum empfindest Du das vorherbestimmte Schicksal als Zufall"?

Hierbei befindet sich die Antwort für uns Menschen nicht immer sichtbar vor unseren Augen, da das Leben offensichtlich nur eine gesellschaftstypische Illusion ist.

Dabei lässt die Illusion unseres Daseins unser Leben als Wirklichkeit erscheinen, aber nun entsteht eine neue Frage: „Was entspricht tatsächlich den Tatsachen?"

Die Frage nach Gott

Mehrfach wird uns Menschen bewusst, dass unzählige
Fragen entstehen, aber die Schwierigkeit darin besteht, wo
man die Suche nach der für sich zutreffenden Antwort
beginnt.

Oftmals entsteht dabei der Versuch, die Dinge, die uns
unerklärlich erscheinen, wie z. B. der Ursprung unserer
Existenz oder des Lebens an sich, einen Namen zu geben
und nennen es Gott.

Niemand kann mit absoluter Gewissheit sagen, inwieweit
dieser Versuch tatsächlich eine Antwort ist oder letztlich
nur ein Wunschdenken darstellt.

Für viele verkörpert die Vorstellung von Gott die Voll-
kommenheit, die der Mensch immer wieder bewundert
und anstrebt, aber trotzdem unerreichbar bleibt.

Unabhängig davon, ob Gott real ist oder nur ein Symbol
der Macht repräsentiert, eines ist in jedem Fall sicher, be-
züglich der Konflikte unseres Lebens sind wir stets auf
uns allein gestellt und müssen diese auch selbst bewälti-
gen.

Bewusst bleibt an dieser Stelle die Frage nach Gott unbe-
antwortet, da dies eine Sache der eigenen Überzeugung ist
und sich jeder Mensch dies auch daher selbst beantworten
muss.

(Inspiriert durch Isaac Howard)

(April 2001)

Eine Frage des Glaubens

Zunächst formuliere ich die entscheidende Frage: „Was eigentlich bedeutet für mich der Glaube"?

Schnell bemerke ich, ich vernehme weder einen Ruf nach Religion, Kirche oder Gott, stattdessen ist für mich der Glaube vielmehr eine Auseinandersetzung mit dem Alltag meines Lebens.

Der Glaube symbolisiert und charakterisiert meine Zielsetzungen, indem ich mir Vorbilder erschaffe und nach Idealen strebe.

Kein Hindernis in meiner Umwelt wird mich jemals in meinem Handeln beeinträchtigen und keine Niederlage kann mich jemals entmutigen.

Daher erkenne ich: „Glaube heißt, keine Zweifel an sich selbst zu haben".

So stelle ich am Ende fest, dass ich voll zu meinen Überzeugungen stehe, unbeirrt meinen selbsterwählten Weg gehe und ungefährdet das Ziel erreiche.

(Inspiriert durch Isaac Howard)

(April 2001)

Die Vergöttlichung

Identität: Jesus von Nazareth, Sohn eines Zimmermanns.

Gewiss eine charismatische Persönlichkeit der antiken Zeitgeschichte.

Ein Mensch, der vermutlich die Massen begeistert und inspiriert hat.

Voraussichtlich eine Gefahr der damaligen Politik.

Möglicherweise ist er wegen seiner Überzeugungen hingerichtet worden.

„Jedoch rechtfertigen diese Dinge die Vergöttlichung eines Menschen"?

(Inspiriert durch Isaac Howard)

(April 2001)

Glaubenszweifel

„Gott, der Schöpfer unserer Welt, ein Symbol der Voll-
kommenheit"?

„Ja, aber warum leben wir in einer Welt, die letztlich so
unvollkommen ist wie die unsere"?

„Gibt es daher überhaupt einen Gott"?

Fakt ist: „Gott ist nicht wirklich sichtbar oder greifbar".

„Ist er deshalb nur eine fiktive Autoritätsperson, die mir
vorschreibt, wie ich zu leben habe"?

Zumindest hat er sich bei mir noch nicht persönlich vor-
gestellt.

(Inspiriert durch Jessika Kay/ Isaac Howard)

(Frühjahr 2015)

Die Glaubwürdigkeit (Das Christentum)

„Ist die Kirche die Antwort auf all unserer Fragen"?

„Entscheidet die Kanzel am Altar über Gut und Böse in der Welt"?

„Oder wird dessen Glaubwürdigkeit infrage gestellt"?

Fakt ist: „Der unentwegte drohende Zeigefinger der selbsternannten Gläubigen ruft stets zur großen Moralpredigt auf".

Immer schwankend zwischen beurteilen und verurteilen.

Jedoch wird die Kirche ihren eigenen Ansprüchen meist nicht gerecht.

(Inspiriert von Jessika Kay)

(Sommer 2015)

(Anmerkung: Der sexuelle Missbrauch von Kindern und Jugendlichen in der Kirche ist ein gutes Beispiel dafür, warum diese angeblich moralische Institution ihren eigenen Ansprüchen nicht einmal ansatzweise gerecht wird.

Die geistlichen Würdenträger sind nur damit beschäftigt, die schrecklichen Vorfälle des Vertrauensbruches zu vertuschen statt aufzuklären.

Mit dieser bedenklichen Strategie wird versucht, das eigene Gesicht zu wahren statt die Triebtäter zu bestrafen. Die logische Konsequenz? Massenhafte Kirchenaustritte und zwar Jahr für Jahr.)

Der Katholizismus und die Moral

Gleichberechtigung ergänzt sich widerspruchsfrei durch eine dominierende Frauenfeindlichkeit.

Nächstenliebe ergänzt sich verständnisvoll durch eine Feindseligkeit gegenüber der Homosexualität.

Aufgeschlossenheit gegenüber der Jugend ergänzt sich makellos durch eine verklemmte Sexualmoral.

Kulturelle Toleranz ergänzt sich problemlos durch einen latenten Antisemitismus.

Soziale Verantwortung ergänzt sich zweifelsfrei durch ein vorherrschendes reaktionäres Gedankengut.

Und gesellschaftlicher Fortschritt ergänzt sich glaubwürdig durch einen mittelalterlich denkenden Papst.

(Anmerkung: Ca. 7 ½ Jahre meiner Kindheit an der katholischen Schule verbracht. Die oben beschriebene scheinheilige Doppelmoral spiegelt sich darin wieder. Deshalb betrachtete ich den Glauben stets als rein persönliche Angelegenheit. Daher entschied ich mich gegen die Taufe und wurde kein Mitglied der christlichen Gemeinschaft.)

(Frühjahr 2009)

Das Fernweh

Zu Beginn entsteht ein Gedanke, eine Idee.

Die Idee nimmt bereits Linien, Konturen und Formen an.

Die trübe Sicht wird nun klarer und allmählich erscheint
ein Licht am Horizont.

Wohin dieses Licht führt, ist noch nicht erkennbar.

Dennoch ist eines gewiss, die Sehnsucht nach der Ferne
ist entstanden.

So breche nun auf, in eine unbekannte Welt!

(Frühjahr 2000)

Die Notwendigkeit meiner Reisen

Zunächst entdecke ich eine Monotonie des alltäglichen Lebens und beginne die Suche nach dem Warum.

So wird für mich sichtbar, dass Veränderungen in meinen Leben erforderlich sind, um diese Monotonie in eine Vielfalt neuer Entdeckungen zu verwandeln.

Für mich entsteht daher die Notwendigkeit einer Reise, die in mir Abenteuerlust weckt und mir enorme Kräfte und Energien verleiht.

Dabei gewinne ich, soviel sei hier sicher, oftmals unbeschreibliche Eindrücke pulsierenden Lebens und sammle wichtige Erfahrungen.

Meine Aufgabe ist es nun, diese errungenen Eindrücke und Erfahrungen als neue Herausforderung des Lebens zu betrachten, zu begreifen und letztlich als eine solche auch anzunehmen.

Diese neue Herausforderung bedeutet, so stelle ich fest, ein weiterer entscheidender Schritt zu meiner persönlichen Reife, da mir eine Reise neue Gesichtspunkte ermöglicht, um das Ziel etwas Neuwertiges erschaffen zu können, tatsächlich zu erreichen.

(Inspiration? Zahlreiche unterschiedliche Reiseerfahrungen, die mich menschlich sehr stark geprägt und mein Leben entscheidend beeinflusst haben.

Mein geistiger Horizont wurde auf diesem Wege entscheidend erweitert.)

(Frühjahr 2000)

Die Konfrontation mit der Erkenntnis

Manchmal entsteht für mich eine heikle Situation, die völlig unausweichlich wird, nämlich die Konfrontation mit der Erkenntnis.

Für die Konfrontation mit der Erkenntnis begebe ich mich in einem fiktiven Raum, wo sich ein anziehendes Licht in einer dunklen Ecke befindet.

Dieses anziehende Licht in einer dunklen Ecke entpuppt sich jedoch als mörderisch heißer Draht, und ich sehe: „Installationen sind zweifelsfrei brandgefährlich".

Daher bedeutet die Verlockung des anziehenden Lichtes stets eine Gefahr, und die Berührung des heißen Drahtes wird unausweichlich eine schmerzliche Erfahrung.

Nun wird mir bewusst, dass ich in einer beinahe aussichtslosen Falle geraten bin, aus der ich mich möglicherweise nicht mehr befreien kann.

Diese Erfahrung lässt für mich nur eine Schlussfolgerung zu: „Schock ist ein Mittel zur Erkenntnis".

(Sommer 2001)

Die Erkenntnissuche

Wir unterstellen: „Erkenntnisse zu erlangen, ist das Ziel der meisten Menschen".

Dabei erkenne: „Nichts entspricht tatsächlich der Wirklichkeit".

Alles ist nur eine trügerische Illusion.

Dadurch wird das Leben letztlich zu einer Show mit trivialem Charakter, aber zum Glück bemerkt dies kaum jemand.

Es entsteht nun in diesem Zusammenhang die Frage: „Warum bedeutet das Nicht-Erkennen Glück"?

Ganz einfach, da sonst das Erkennen ein traumatisches Erlebnis wäre, von denen sich die Mehrheit der Menschen vermutlich nie erholen würde.

(Sommer 2001)

Der unsichere Weg

Ein gefährliches Spiel ist es, worauf ich mich hier in diesem Abschnitt meines Lebens einlasse.

„Welche fatalen Konsequenzen erwarten mich nun dabei"?

„Große Enttäuschung oder sogar ein unerträglicher Schmerz"?

Ungewissheit quält mich bei diesem heiklen Gedankenspiel.

Trotzdem gehe ich diesem Pfad der Ungewissheit weiter.

Dabei geht das Leben seltsame Wege und was bleibt, ist ein Gefühl der Unsicherheit und der Angst, aber dennoch muss ich im Leben auch Wagnisse mit allen verbundenen Konsequenzen eingehen, da ich sonst nie weiß, was ich im Leben eventuell versäumen könnte.

(Frühjahr/ Sommer 2002)

(Inspiriert durch J. Cervantes)

Der Maßstab und die Toleranz

Gehe niemals ausschließlich nur von Dir selbst aus!

Denn Menschen funktionieren nicht immer gleich.

Es gibt keinen allgemeingültigen Maßstab, wie Menschen
zu funktionieren haben.

Jeder Mensch ist ein individuelles Einzelwesen.

Dies ist eine Tatsache, die Du letztlich akzeptieren musst.

Akzeptierst Du diese Tatsache nicht, verlierst Du die Fä-
higkeit zu sehen, was Toleranz in unserer Gesellschaft
eigentlich bedeutet.

(Sommer 2012)

(Inspiriert durch Jessika Kay)

**(Anmerkung: Bei Toleranz gibt es allerdings auch
Grenzen, die für mich nicht überschritten werden
dürfen. Niemals darf Gewalt toleriert werden, weil sie
Ausdruck von Intoleranz gegenüber anderen dar-
stellt.)**

Die Lektion des Lebens

Erkenne: „Das Leben ist leider kein wunderschöner Traum, sondern nur eine schicksalsgeprägte Pflicht- übung".

Es besteht meist nur aus Rückblenden, die sich in den ständigen Wiederholungen unseres Alltags wiederspiegeln.

Dabei wird die inszenierte Betroffenheit des Lebens zum Spiegel der Verlogenheit der Gesellschaft.

Deshalb müssen wir uns auch an dieser Stelle eingestehen: „So zynisch wie unser Alltag können wir nicht sein".

„Und wem kann man in diesem Zusammenhang noch glauben"?

„Wenn Du Glück hast, Dir selbst".

(Sommer 2015)

Die Sinnsuche

Es herrscht Ruhelosigkeit, Ziellosigkeit und Hilflosigkeit.

Nun stelle Dir die entsprechende Frage und beschäftige
Dich mit der geeigneten Antwort!

Bedenke: „Jeder Mensch muss die entscheidende Frage
für sich selbst formulieren und die dazugehörige Antwort
finden"!

Die Inhaltslosigkeit, die viele von uns zu Beginn bei sich
selbst entdecken, ist nicht auf jedem Menschen gleicher-
maßen übertragbar.

Daher mobilisiere Deine gesamten Kräfte und beginne die
Suche!

Dabei ist entscheidend, den Versuch zu wagen, das Leben
mit Inhalt zu füllen und zwar sodass er erkennbar wird.

(Sommer / Herbst 1999)

(Inspiriert durch Angelika Winter)

Der Sinn des Lebens

Irgendwann beginne ich zu grübeln, was der Sinn des Lebens sei.

Dabei entsteht eine Lust des Lernens und entwickle sich sogar zu einer Sucht.

Daher wird das Leben zu einem Prozess des Lernens.

Beende ich das Lernen, höre ich auf zu leben.

Da aber das Lernen das Leben bedeutet, lebe ich.

Die Frage nach dem Sinn des Lebens beantwortet sich nun wie von selbst, es ist das Lernen.

(Inspiriert durch Torge Eipper)

(Sommer 2000)

Die Frage nach dem Ideal

„Sind Ideale die Vorstellung von absoluter Reinheit und Klarheit"?

„Hat jemand diese Ideale, weil sie zufällig gerade dem jeweiligen Zeitgeschmack der Gesellschaft entsprechen"?

„Entsprechen diese Ideale daher tatsächlich der inneren und tiefsten Überzeugung"?

„Ist diese Überzeugung ein Ausdruck der eigenen Persönlichkeit"?

„Oder gibt es diese Ideale in Wahrheit überhaupt nicht"?

Schwierige Fragen, die Antworten erfordern, die letztlich jeder jedoch nur für sich selbst beantworten kann und sogar muss.

(Herbst 2002)

(Inspiriert durch Angelika Winter)

Die Lebensqualität

Viel wird mit dem Wort Lebensqualität verbunden. Insbesondere verbinden viele Menschen mit diesem Begriff einen hohen Lebensstandard und einen materiellen Reichtum.

Daher formuliert der Mensch sofort die Frage, ob der hohe Lebensstandard und der materielle Reichtum wirklich für mehr Lebensqualität stehen oder ob es nicht vielmehr darauf ankäme, dass die Ziele seines Lebens auch mit sehr bescheidenen Mitteln zu erreichen versteht.

Eine Frage, die sogleich eine Antwort verlangt, aber sie nur dann gefunden werden kann, wenn die Menschen ein größeres Bewusstsein für das Leben entdecken.

Die Möglichkeit dieses größere Bewusstsein für sich zu entdecken, bedeutet bewusster seine Umwelt wahrzunehmen, sich bewusster mit seiner Umwelt auseinanderzusetzen, bewusster am Leben anderer Menschen teilzuhaben und letztlich auch bewusster genießen zu können.

So kann es geschehen, dass man auf diesem Wege die Lebensqualität nun mit anderen Augen zu betrachten vermag und zwar im Sinne von mehr Harmonie, mehr Zufriedenheit, mehr Gesundheit sowie mehr Lebensfreude, wobei man gleichzeitig den hohen Lebensstandard und den materiellen Reichtum als eine künstlich geschaffene Welt des Traumes enttarnt.

Die Architektur des Lebens

Die Philosophie des Lebens spiegelt sich in seiner geplanten Architektur wieder, da sich die Gestaltung des gesamten Lebens darauf stützt.

Die Gestaltung des gesamten Lebens lehrt uns Menschen, gewisse Regeln zu beachten, da es sonst das Zusammenleben in einer Gemeinschaft erheblich erschwert, sodass nicht reparierbare Risse entstehen könnten, die alles bisher Erreichte zum Einsturz bringen würden.

Klar ist hierbei, Architektur darf nicht autonom sein, sondern vielmehr eine Kunst des Machbaren, die gleichzeitig von den Gegebenheiten des Ortes abhängig sind, wobei immer zu bedenken wäre, dass keine eigensinnige Fassaden, die ausschließlich der persönlichen Befriedigung des Egos dient, gewünscht sind.

Gewünscht sind stattdessen immer eine klare Struktur und sinnvolle Konstruktionen, die für eine Ausgewogenheit zwischen Einheit und Vielfalt sorgt.

Die Ausgewogenheit zwischen Einheit und Vielfalt mindert in einer Gemeinschaft das Risiko einer tödlichen Monotonie oder einer gefährlichen Überfrachtung.

Bei einer genauen Betrachtung der Architektur erkennt man, es gibt keinen verbindlichen Stil, der ein richtiges Zusammenleben in einer Gemeinschaft garantiert, sondern es ist die Forderung eines sorgfältig ausgesuchten

Entwurfes, der sich für die Einhaltung der notwendigen Regeln verantwortlich zeigt, sodass stets eine funktionale und visionär einprägsame Form gefunden werden muss.

(Sommer 2001)

Der Vergleich Glück und Zufriedenheit

Glück und Zufriedenheit treffen und begegnen einander,
wobei allerdings festzustellen ist, dass sich beide Dinge
scheinbar zum Verwechseln ähnlich sind, aber dennoch
sind Unterschiede erkennbar, die häufig sogar dazu füh-
ren, dass sich ihre Wege doch wieder trennen.

Denn bei genauer Betrachtung dieser beiden Dinge emp-
findet jeder das Glück als absolute Rarität, die man mit
aller Kraft, manchmal mit äußerster Verzweiflung ver-
sucht, sorgfältig aufzubewahren, da sie für uns Menschen
etwas Belebendes beinhaltet, etwas was uns aus dem All-
tag unseres Daseins herausreißt und somit einen Hoch-
punkt in unserem Leben darstellt.

Jedoch allzu schnell spürt jeder, dass der Versuch, das
Glück festhalten zu wollen, meist scheitert, da dieses
Hochgefühl nie kontrollierbar wird, seine Vergänglichkeit
dadurch offen vor einen liegt und den Menschen durch
seine grausame Kurzlebigkeit prägt.

Hingegen die Zufriedenheit kann, wenn jemand es richtig
anstellt, ein dauerhaftes, positives Wohlgefühl ausdrücken,
welches sich dann durch seine Beständigkeit charakteri-
siert.

Dadurch entsteht ein Ausdruck der Verlässlichkeit, dass
durchaus ein Gefühl von Sicherheit symbolisiert.

Daraus resultiert, dass das Glück eine heimtückische Illusion ist, da es sich oft nicht längerfristig oder gar dauerhaft erfüllt und sich daher selbst als emotionalen Betrug entlarvt während die Zufriedenheit durch ihre stärkere Lenkbarkeit mehr innere Stabilität, mehr Harmonie sowie mehr Berechenbarkeit erzeugt.

(Sommer 2001)

(Inspiriert durch Angelika Winter)

Die Kostbarkeit des Lebens

Manchmal hast Du das Gefühl am Abgrund zu stehen
und siehst keinen Ausweg mehr, aber dennoch schreie
nach Leben und werfe es nicht achtlos fort!

Denn das Leben ist durch seine Vergänglichkeit kostbar,
wenn nicht sogar unbezahlbar.

Daher versuche stets zu kämpfen, es lohnt sich in jedem
Fall!

Nehme das Leben in Dir auf, koste es voll aus und genie-
ße es bis zum letzten Atemzug, wobei natürlich niemand
genau vorher weiß, was das Leben tatsächlich an Überra-
schungen offenbart!

Dabei mache Dir bewusst, dass das Leben eine veränderli-
che Größe mit Hoch- und Tiefpunkten ist, aber gerade
dieses macht das Leben erst lebenswert und verleiht ihm
die notwendige Spannung!

Also nehme das Dir gegebene Geschenk des Lebens nun
an und habe Mut zu leben!

(Frühjahr 2001)

Das Spiel des Lebens

Irgendwer behauptet: „Wer zulange zögert, der riskiert, dass sein Leben kein Spiel wird, dass jemand gewinnt oder verliert, sondern ein Spiel ist, dass nie gespielt wurde".

Dabei entsteht die Frage: „Was bedeutet diese provokative Aussage"?

Die Antwort lautet: „Ein gewisses Risiko gehört einfach zum Leben dazu, da dies den Reiz unseres Daseins ausmacht, der ein Ausdruck von Lebendigkeit darstellt".

Nun entsteht erneut eine Frage: „Was bewirkt diese Lebendigkeit eigentlich"?

Darauf wird erwidert: „Die Lebendigkeit ist so etwas wie ein Motor, der alles Notwendige in Bewegung hält und auf diese Weise ein positives Lebensgefühl vermittelt".

Und ich füge hinzu: „Dieses positive Lebensgefühl ermöglicht uns bei einer gewissen Risikobereitschaft, das Spiel des Lebens zu gewinnen, allerdings aber auch mit der Gefahr zu verlieren. Es ist die Chance unseres Lebens beziehungsweise eine Option, die jeder stets ergreifen sollte, da niemand sonst lernt, was das Leben überhaupt bedeutet".

(Sommer 2001)

Zukunftsträume

Häufig wird nach der Definition des Lebens gesucht, sodass der Mensch sich Träume für die Zukunft in Form von Ideen oder Visionen selbst kreiert.

Dabei hat jeder Mensch seine eigene Vorstellungskraft, um seine Ziele zu formulieren und seine Träume zu realisieren, und so betrachtet er den Zeitraum seines Lebens.

Zunächst wird eine Vergangenheit sichtbar, die rückblickend von unterschiedlichen Erfahrungen und Erkenntnissen geprägt ist, die der Mensch während seines Lebens sammelte und den Prozess des Lernens für die Realisation seiner Träume repräsentiert.

Nun sieht der Mensch eine Gegenwart, die eine direkte Konfrontation mit dem Alltag seines Lebens bedeutet und dessen unmittelbare Auseinandersetzung seiner Konflikte, die teilweise durch eine Vielzahl von Hindernissen oder Enttäuschungen begleitet werden.

Letztlich versucht der Mensch ein Blick in die Zukunft zu werfen, die für viele zur Ungewissheit wird, da das Ziel nicht sichtbar vor ihren Augen erscheint, sodass ein Selbstzweifel entsteht.

Trotz möglicher Selbstzweifel, die einen Menschen auf dem Weg zur Realisation eines Traumes verfolgen können, sollte jeder stets bemüht sein, diesen Traum weiter fest in Händen zu halten, da es durchaus wichtiger sein

kann, den bisher eingeschlagenen Weg als Orientierung beizubehalten statt das angestrebte Ziel tatsächlich zu erreichen.

(Sommer 2001)

Das Lebensmotto

„Kann ich überhaupt Pläne für meine Zukunft machen"?

„Nein, Tatsache ist, ich lebe jetzt und möglicherweise
nicht mehr in zwanzig oder dreißig Jahren".

Beachte ich diese Tatsache nicht, laufe ich stets Gefahr
einerseits die Zukunft vorzeitig zu verplanen und anderer-
seits die Gegenwart dadurch sträflich zu versäumen.

Hierbei kann ich Versäumtes sehr wahrscheinlich nicht
mehr nachholen.

Darum lebe ich jetzt, ehe alles zu spät ist.

Daher kann mein Motto für das Leben nur lauten: „Ge-
nieße den Augenblick! Denn der Augenblick ist entschei-
dend, ob Du tatsächlich lebst oder nicht".

(Sommer/ Winter 1999)

(Inspiriert durch Torge Eipper/ Albin Kummer)

Die Philosophie des Lebens

Mache Dir stets bewusst: „Vergangen ist vergangen".

Eine unabänderliche Tatsache, abgehakt, vielleicht sogar
schon vergessen.

„Und wer kann hierbei noch in die Zukunft schauen"?

Niemand.

Daher ist nur die Gegenwart entscheidend.

Denn die Gegenwart repräsentiert den Augenblick unse-
res Daseins, der unser Leben letztlich bestimmt.

(Sommer 2002)

Die Bühne des Lebens

„Jan, denke nicht so sehr über das Leben nach, denn sonst erkennst Du, dass das Leben nur ein Witz, eine Komödie ist, die in einigen Fällen sogar zu einer Tragödie wird"!

Das Leben wird quasi zur Bühne, wo ein ständiger Wechsel des Genres für die Protagonisten unvermeidlich wird und somit einen hohen Grad der Flexibilität für alle Beteiligten voraussetzt.

Dabei wird im Hintergrund Regie geführt, um den reibungslosen Ablauf des Bühnenstückes entweder zu stören oder zu erleichtern.

Das jeweilige Bühnenstück hat immer eine bestimmte Aufgabe zu erfüllen, die darin besteht, dass die Protagonisten, die gelegentlich auch nur Zuschauer oder Statisten sind, etwas für ihr Leben lernen.

Was jeder für sein Leben lernt, bleibt bis zum Schluss offen.

Letztlich führt jede Handlung nur zu einem Ergebnis: „Egal wie gut wir unsere Rolle gespielt und ausgefüllt haben, am Ende müssen wir die Bühne des Lebens wieder für immer verlassen".

(Sommer 2002)

(Inspiriert durch Angelika Winter)

28.6.2000
Dessaules

Der Zusammenhang zwischen Inhalt, Perspektive und Zukunft

Betrachte eine Kettenreaktion, ausgelöst durch eine Wirkungskette, die in wesentlichen nur aus drei Gliedern besteht: Inhalt, Perspektive und Zukunft!

Am Anfang der Kettenreaktion entsteht der Versuch die vorhandene Leere mit Inhalt aufzufüllen, wobei es jeder einzelnen Person gelingt, die ihm zugewiesene Aufgabe und den damit verbundenen Sinn des Lebens für sich zu entdecken.

Ein Fortschritt, der eine Perspektive ermöglicht, bedeutet, dass hierbei eine Motivation entsteht, die sich dahin bewegt, dass man Schritt für Schritt sein Ziel anvisiert, um den persönlichen Erfolg auch tatsächlich zu realisieren.

Die Realisation des Erfolgs bedeutet aber nur dann eine Zukunft, wenn Sorge dafür getragen wird, dass das Begonnene und das Erreichte sich zu etwas Dauerhaftem fügt, sodass wieder und wieder Inhalte gesucht und gefunden werden und zwar sodass es immer wieder zu erneuten Kettenreaktionen führt.

Entfernt jemand nur eines der drei Glieder dieser Wirkungskette, so sei gewiss, dass diese Gesamtheit in sich zerspringt, die Kettenreaktionen meist für immer beendet sind und sich oftmals nichts mehr reparieren lässt.

Daher wird für uns Menschen die Bedeutung und Wichtigkeit dieses Zusammenhanges zwischen Inhalt, Perspektive und Zukunft sichtbar und die dadurch erlangte Erkenntnis über die Notwendigkeit der Stabilität dieser Wirkungskette, schlussendlich auch wegen unseres Daseins, spürbar.

(Inspiriert durch Torge Eipper/ Joachim Krink)

(Sommer/ Winter 1999)

Die Jahreszeiten- Der Kreislauf des Lebens

Der Kreislauf des Lebens wird durch seine Hoch- und Tiefpunkte bestimmt und spiegelt sich symbolisch für jeden einzelnen Menschen durch die vier sich abwechselnden Jahreszeiten wieder.

Alles beginnt mit dem Frühling, wo die Natur in der Morgenstimmung erwacht, ein Gefühl des neuen Lebens entsteht, die Sonne sich mit zunehmender Präsenz bemerkbar macht und die Bäume beginnen Blätter zu tragen, was übertragen auf dem Menschen bedeutet, dass man zunächst ein beinahe unbeschwertes und sorgenfreies Dasein hat, voller Lerneifer und Optimismus sprüht und den Trieb des Reifeprozesses in sich verspürt, aber allerdings meist ohne das nötige Bewusstsein, was die Zukunft von ihm erwartet oder gar abverlangt.

So entwickelt sich langsam aber sicher der Sommer, ein Abschnitt, wo sich die Natur von ihrer schönsten Seite in voller Pracht präsentiert und die Sonne vor Kraft strotzt, was bei den Menschen jetzt voraussetzt, dass eine gewisse Reife erreicht ist und gleichzeitig über Energien verfügt, um die Herausforderungen des Lebens bewältigen zu können, die oftmals nicht nur positive Momente haben, sondern auch durch Verluste, Niederlagen oder Enttäuschungen begleitet werden.

Doch plötzlich vernimmt man den Herbst, wo die Sonne allmählich ihre Kraft verliert, die Blätter sich verfärben und von den Bäumen verschwinden, sodass es für dem Menschen einen Wendepunkt darstellt, da ihm mehr und mehr die Kräfte schwinden, man versucht all seine Reserven zu aktivieren und die fehlende Kraft durch seine Erfahrungen zu kompensieren, um den Herausforderungen des Lebens weiter gewachsen zu sein.

Schlussendlich steht der Winter vor der Tür, wo die Sonne nur noch wenig Kraft hat, die Bäume keine Blätter mehr tragen, eisige Kälte entsteht und Schnee die Erde bedeckt, sodass der Zeitpunkt des Abschieds naht und man nur noch bemüht ist, die letzten Augenblicke des Lebens zu genießen.

Zurück bleibt nur eine wage Hoffnung, dass die Zukunft durch die gesammelten Erfahrungen für nachfolgende Generationen sich wieder und wieder verbessert, und der Kreislauf des Lebens stets von neuen beginnt.

(Inspiriert durch Torge Eipper/ Angelika Winter)

(Frühjahr 2001)

Der Mai

Der Mai erwacht wie durch ein Wunder in der Morgenstimmung zum neuen Leben, wobei eine geheimnisvolle und mysteriöse Spannung im Szenario erzeugt wird, die eine wahre Explosion der Gefühle auslöst, die wir weder kontrollieren noch beherrschen können.

Ein Gefühl von überwältigender Lebendigkeit in der Fauna und Flora entsteht, wenn die Strahlkraft und die einladende Wärme der Sonne sich mit zunehmender Präsenz bemerkbar macht und daher wohlverdient ihr Territorium in der Schöpfung für sich beansprucht.

Bäume und Büsche tragen wieder ihr gewohntes und geliebtes Blätterkleid und das Aufblühen der Blumen kommt in voller Farbenpracht zur wunderbaren Entfaltung, sodass die Natur sich in all ihrer Buntheit und Vielfalt präsentieren kann.

Übertragen auf den Menschen bedeutet es, dass er zunächst über ein beinahe sorgenfreies und unbeschwertes Dasein verfügt, sodass ihm auf seinem Lebensweg scheinbar nichts mehr anhaben oder erschüttern kann und somit unbeirrt sein Ziel weiterhin ansteuert.

Dabei werden der eifrige Lernwille und der heranwachsende Optimismus vorerst seine ständigen Begleiter sein, um ihn als Jäger und Sammler tatkräftig in Forschungs- und Schaffensdrang zu unterstützen.

Jedoch, pure Ernüchterung macht sich bald breit, als ihm bewusst wird, dass er genau wie in der Tierwelt seinen Überlebensinstinkten folgen muss, um den Kreislauf des Lebens weiter in Bewegung zu halten, wobei der Trieb des Reifeprozesses sich ihm unaufhaltsam mit merklich großen Schritten nähert, die zweifelsfrei ihre Spuren sichtbar im Sand hinterlassen und niemand weiß, was die Zukunft nun von ihm erwartet oder gar abverlangt.

(Inspiriert durch Thomas Sichelschmied)

(April 2015)

Die Lebensbilanz

Ungewissheit erzwingt eine Analyse, die zu einer Reflexion des Lebens führt.

Die Reflexion des Lebens ist ein Spiegelbild unserer Lebensbilanz, die eine Konfrontation mit der alltäglichen Realität darstellt.

Hierbei ist konsequenterweise Selbstkritik gefragt, wobei meist emotional betroffen nach irgendwelchen Fehlerquellen gesucht wird, und ein unvermeidlicher Rückblick entsteht.

Der Rückblick zeigt uns, dass die Ergebnisse oft rücksichtslos mit uns Menschen umgehen und somit auch eine unwiderrufliche Abrechnung mit uns selbst sind.

Keines dieser Ergebnisse ist dabei unbedingt vorhersehbar oder wirklich korrigierbar, sondern vielmehr schonungslose Tatsachen, denen wir uns immer wieder stellen müssen.

Daher entsteht jetzt die Frage: „Ist die Waage des Lebens noch im Gleichgewicht"?

(Sommer 2002)

Krisenbedingte Entscheidungen

Das Leben wird für mich erfahrungsgemäß zum Imperativ und erzwingt bei mir, hervorgerufen durch zwischenmenschliche und existenzielle Krisen, wichtige, oftmals sogar schwierige Entscheidungen, die mein Leben radikal und konsequent verändern können.

Daher werden für mich die getroffenen Entscheidungen zu unwiderruflichen Fakten.

Nichts wird mehr so sein, wie es vorher war.

Dabei muss ich Kämpfe mit mir selbst austragen, da mir in solchen Krisensituationen bewusst wird, dass ich nicht mehr auf demselben Gleis weiterfahren kann, welches mich zuvor stets an das gewünschte Ziel brachte.

Dennoch versuche ich mich nicht, meinen möglichen Schicksal einfach zu ergeben, sondern erinnere mich lieber an ein Zitat von Max Frisch, das lautet: „Eine Krise kann ein produktiver Zustand sein. Man muss ihr nur den Beigeschmack der Katastrophe nehmen".

Nun befinde ich mich an einem Wendepunkt meines Lebens, sodass es Zeit für mich wird, wieder Hoffnungen zu schöpfen und fange an, mich an ein Zitat von Oscar Wilde zu erinnern, das lautet: „Die Zukunft gehört denen, die Chancen erkennen, bevor sie wahr werden".

(Herbst 2002)

Die Musik

Die Musik, ein imposantes Wechselbad unserer Gefühle, die stets auf Touren gebracht und anschließend durcheinandergewirbelt werden, wobei Traurigkeit, Heiterkeit, Fröhlichkeit oder Melancholie wie selbstverständlich aufeinandertreffen.

Scheinbar passt auf dem ersten Blick nichts davon wirklich zusammen, aber dennoch gehören diese Dinge unwiderruflich zueinander.

Denn Gegensätze ziehen sich bekanntlich magisch an und lassen sich nicht mehr trennen, sodass in einem Konzert der Gefühle ein Spannungsfeld der Meditation erzeugt wird.

Der Magnetismus, der durch wechselnde Geschwindigkeiten und Betonungen oder durch den Klang selbst entsteht, bringt dieses Phänomen klar und eindeutig zum Ausdruck.

Die Musik als Spiegelbild unserer Seele drückt dabei unsere Stimmungen in all ihren Facetten aus und berührt so unsere Herzen.

Sie bedeutet daher Hingabe und das Einlassen auf uns selbst im Rhythmus unseres Lebens.

(Inspiriert durch Jessika Kay/ Torge Eipper/ Thomas Sichelschmied)

Was bedeutet Kunst?

Ein schwer greifbarer und definierbarer Begriff.

Kunst ist meines Erachtens die Fähigkeit des anderen
Sehens und des Betrachtens.

Der Künstler eröffnet den außenstehenden Betrachter mit
seinem Handwerkszeug neue und ungeahnte Perspekti-
ven.

Er drückt es durch seine geschaffenen Werke aus und
berührt so die Seele des Menschen.

Fantasie und Kreativität sind hierbei die entscheidenden
Zauberwörter, die die Vielfalt all unserer Gefühle zum
Vorschein bringt.

Sehnsüchte können geweckt werden, die uns stets zum
Träumen anregen.

(Sommer 2015)

Kunst: Die Lebensquelle

„Bringt mich die Kunst ins totsichere Grab"?

„Nein, eher im Gegenteil, sie ist meine Lebensquelle, beflügelt meine Gedanken, meinen unbändigen Geist und steigert meine Lust, meinen Lebenshunger".

Dabei bringt jeder neue Tag eine Abwechslung, eine Wende, und ich spüre, ich werde nicht älter, sondern zu meinem eigenen und persönlichen Erstaunen jünger.

Meinen Tatendrang kann jetzt nichts mehr aufhalten, und er wird zu einer unersättlichen Gier nach mehr.

Ich möchte einfach nur malen oder schreiben, was ich spüre, was ich empfinde.

Die Erfassung meiner Gefühle kennt hierbei keine Grenzen, sodass vermutlich ein Menschenleben dafür nicht ausreicht.

(Herbst 2015)

Kunst: Der Impulsgeber

Provozierende und unbequeme Ideen, die unseren Alltag immer fortlaufend neu hinterfragen, entstehen aus der Kunst.

Denn aus dem Alltag richten wir uns nur zu gern an einem eindimensionalen Gewinnstreben, an Sparzwängen und am breiten Strom des Angepassten aus und laufen Gefahr, Menschlichkeit und Lebensfreude zu vergessen.

Zwar kann jeder die Kunst für dekorativ oder sogar überflüssig halten, aber dennoch ist sie ein wichtiger Impulsgeber für die Gesellschaft.

Ohne die Vielzahl von Kritiken und Utopien, die in der Kunst täglich ausprobiert werden, wären wir sonst rechtwinkliger, ärmer und dümmer.

Nun fragt sich der Außenstehende: „Warum"?

Die Antwort liegt auf der Hand: „Es ist ein Ausdruck eines Lebensgefühls in unserer Gesellschaft".

(Herbst/ Winter 2015)

Die Konfrontation mit der Kunst

Beim Betrachten der Kunst höre ich Picassos Stimme, die
sagt: „Sie erwarten von mir im Ernst, dass ich Ihnen sage:
Was ist Kunst? Wenn ich es wüsste, würde ich es für mich
behalten".

Diese Aussage bedeutet für mich eine Konfrontation mit
der Kunst, und ich frage mich in diesem Zusammenhang,
wie diese Vielzahl von Kunstwerken überhaupt entstehen
konnte, worauf Gaugien erwidert: „Ich wollte wollen".

Aus dem Staunen komme ich nicht mehr heraus, da es mir
fast unbegreiflich erscheint, wie so wunderbare Kunst
geschaffen werden kann, und Chagall lässt sich hierbei zu
einer Stellungnahme bewegen, die lautet: „Wenn ich aus
dem Herzen heraus arbeite, gelingt fast alles, wenn ich
vom Kopf aus arbeite, gelingt fast nichts".

Nun entsteht für mich das Rätsel, wie ein Gefühl oder
eine Stimmung in der Kunst erzeugt wird, und Matisse
gibt mir dazu die passende Antwort: „Ich vermag keinen
Unterschied zu machen zwischen meinen Gefühl, das ich
vom Leben habe und die Art und Weise, wie ich es in
meine Malerei übersetze".

Ehrlich gesagt, kann ich es bei meiner Betrachtung der
Kunst nicht verstehen, warum sie es so schwer hat, Aner-
kennung zu finden, insbesondere wenn ich Van Goghs
Äußerung vernehme: „Ich kann nichts dafür, dass sich
meine Bilder nicht verkaufen kann, aber es wird die Zeit

kommen, dass die Menschen erkennen, dass sie mehr
Wert sind als das Geld für die Farbe".

Daher erkenne ich am Schicksal Van Goghs: „Die Kunst
erfordert auch Hoffnung, da sie sonst von der Realität
erdrückt wird".

(Sommer 2001)

**(Inspiration? Die Auseinandersetzung mit der
Kunstgeschichte. Ein Spiegelbild meines eigenen
und persönlichen Schaffensprozesses. Hinzu kommt
der schwere Kampf um die gesellschaftliche Aner-
kennung meiner Leistung als Künstler.)**

Die Berufung des Künstlers

Soviel sei mir jetzt klar: „Als Künstler habe ich eine Berufung, eine Lebensaufgabe".

Daher brauche ich nie eine Kirche betreten, um zu beten oder zu meditieren.

Mein Gebet beziehungsweise meine Meditation ist stets der künstlerische Schaffensprozess.

Die Ergebnisse meines Schaffensprozesses vermitteln mir die gewünschten Antworten, die mein weiteres Tun entscheidend beeinflussen.

Mein ganzes weiteres Tun dokumentiert sich wiederum durch den fortlaufenden Schaffensprozess, der kein Ende erkennen lässt.

Denn ist das Ende des Schaffensprozesses doch erreicht, dann ist meine Berufung, Künstler zu sein, beendet, und ich verlasse für immer die Bühne der kreativen Gestaltung und der Inspiration, was letztlich für mich den Todesstoß bedeuten würde.

(Inspiriert von Henri Matisse)

(Winter 2000)

Der Künstler und seine Identität Teil 1

Bilder schießen über digitale Highways, Texte rauschen
durch Kabel und Kanäle – im Dauerfeuer der Medien
haben Informationen nur eine sehr geringe Halbwertzeit.

Dabei beginnt für den Künstler der Kampf um seine
Identität.

Schrift, Zeichen, Fotos, Bilder, Figuren – die Versuche
mit Archiven die Welt zu interpretieren, durchziehen nun
die Geschichte der Kunst wie ein blutroter Faden.

In seiner Aktivität setzt der Künstler auf direkte Konfron-
tation des Publikums mit Themen wie Völkermord oder
Ausbeutung benachteiligter gesellschaftlicher Randgrup-
pen.

Anklagen gegen die Fehler der Gesellschaft werden zur
unausweichlichen und folgerichtigen Konsequenz.

Die Aktivitäten des Künstlers führen auf entwaffnender
Art die Sinnlosigkeit und Absurdität menschenverachten-
der Mechanismen vor – ein befreiendes Lachen für den
Augenblick?

(Sommer 2004)

Der Künstler und seine Identität Teil 2

Der Kampf um eine neue Identität beschäftigt den Künstler immer wieder.

Bedenke: „Er vertraut mehr seinen persönlichen Gefühl, weniger auf seinem Verstand".

So wird die Kunst zur Garantie, dass wir Menschen doch über eine Seele verfügen.

Dabei zielt die Kunst auch auf die Infrage-Stellung des Seins.

Darin ist sie mit der Philosophie verwandt.

Daher ist sie berechtigt, wichtige Denkanstöße zu geben, die sich im Schaffensprozess des Künstlers wiederspiegelt.

(Frühjahr/ Sommer 2015)

Das Gefühl, Künstler zu sein

Es entsteht die Frage: „Kann jeder lernen, Künstler zu sein"?

Die Antwort lautet: „Nein, da Kunst etwas ist, was schrittweise erfühlt werden muss".

Die Schlussfolgerung ist: „Fühlst Du es, dann bist Du es. Fühlst Du es nicht, dann bist Du es auch nicht".

Jedes Kunstwerk muss emotional durchlebt werden, indem man es Stück für Stück emotional durchlebt, bis tatsächlich das gewünschte Ergebnis erreicht wird.

Wenn der Akteur dazu nicht in der Lage ist, gelingt kein Kunstwerk, was bedeutet: „Du bist kein Künstler".

Somit bedeutet jedes geschaffene Kunstwerk für den jeweiligen Künstler ein Stück seiner Seele, wobei der Schaffensprozess meist sehr viel Kraft kostet und in seiner Konsequenz auch Leiden ist, eine Tatsache, die sich jeder Künstler bewusst sein sollte.

(Sommer 2002)

Die Liebe zur Kunst

Die Kunst ist und bleibt eine emotionale Momentauf-
nahme, die unsere Gefühle weckt.

Zwar können wir sie nicht immer begreifen, aber sie er-
scheint trotzdem spürbar vor unseren Augen.

Erlebe und genieße es!

Durchlebe Dein inneres Ich, hin- und hergerissen von
Deinen eigenen Gefühlen!

Dabei erkenne: „Zeitweilig geraten Deine Gefühle außer
Kontrolle".

Entstehen wird die Liebe zur Kunst.

(Frühjahr 2015)

Die Selbstbestimmung des Künstlers

Erkenne: „Man wird Künstler, weil man Künstler sein will".

Nichts hält einen Menschen, der Künstler werden will, von der Kunst ab.

Der existenzielle Wunsch, Künstler zu sein, wird zur absoluten Voraussetzung.

Dafür gibt es keine verbindlichen Regeln.

Die Motivation, die Begeisterung, die Leidenschaft, die muss der Künstler selbst erbringen- und zwar in unendlichem Maße.

Jedoch sollte jeder bedenken, dass Künstler zu sein, kein Beruf ist, auf den jeder ein Recht hat, sondern eine Berufung, die eine besondere Gabe voraussetzt und Verantwortung bedeutet.

(Inspiriert durch Rainer Maria Rilcke.)

(Sommer 2011)

Emotionen in der Kunst

Meine Arbeit ist wie eine Rüstung, die ich zu meinen eigenen Schutz gegenüber der heutigen Gesellschaft angelegt habe.

Viele Menschen, die meine Werke emotional berühren, spüren etwas Sanftes, obwohl sie auch Wut und Verzweiflung enthalten.

Ich schaffe quasi eine Räumlichkeit, die bewusst in die Natur des Menschen eingreift und gebe so meinen Werken eine künstlerische Struktur.

Dadurch werden Aggressionen sichtbar, die ich poetisch umwandle.

Dabei bringe ich meine ganzen Emotionen gezielt als Störfaktor ein.

Alles Experimente, um ein inneres Gefühl auszudrücken, sodass die Sehnsucht nach Ferne die Oberhand über mich gewinnt, obwohl die Heimkehr das eigentliche Ziel ist.

(Sommer/ Herbst 2002)

Schwankend zwischen Malerei und Dichtung

„Warum schwanke ich ständig zwischen Malerei und Dichtung", frage ich mich nun immer häufiger vor dem Spiegel stehend.

Schnell suche ich nach der perfekten Antwort.

Daher wird mir mehr und mehr bewusst, dass ich die Dinge, die ich meist nicht in Worte kleiden kann, male und die Dinge, die ich meist bildlich nicht erfassen kann, schreibe, sodass die Malerei und die Dichtung eine untrennbare Einheit für mich geworden ist.

Ich schreibe oder male quasi wie ich Lust und Laune habe, da ich nur so jeweils das gewünschte Ergebnis erreiche.

Dabei bedeutet für mich jedes neue Bild oder auch jedes neue Gedicht eine Geburt meines Geistes beziehungsweise meiner Seele.

Dadurch habe ich eine neue Form der Ordnung in meinem Leben geschaffen, die als Orientierung unverzichtbar für mich geworden ist, sodass mit der Kunst ein unzerstörbares und unerschütterliches Fundament daraus resultiert.

(Sommer 1999)

Die Perspektive des Künstlers

Früh morgens beobachte ich die Menschen auf den
Bahnhöfen, die meist noch sehr müde, häufig schon ge-
stresst und oftmals auch demotiviert sich aus ihren Lö-
chern bewegen, auf den Bahnsteigen stehenbleiben oder
abgehetzt versuchen den gleich abfahrenden Zug doch
noch zu erreichen.

Wenn ich mir dieses sich vermutlich nie veränderbare
Schauspiel vor Augen führe, spiegelt sich für mich darin
die Routine und die Monotonie unseres Alltags wieder, die
keinerlei Perspektive erkennen lässt, was mir allerdings
schwerfällt zu akzeptieren, und ich frage mich selbst: „Wo
befindet sich eigentlich meine Perspektive"?

Nun versuche ich eine Antwort zu finden, wobei ich zu-
nehmend bemerke, ohne die Kunst wäre der Inhalt mei-
nes Lebens ausschließlich heiße Luft, da nur die Kunst
mir die Möglichkeit verschafft, das Vakuum, bestehend
aus dieser heißen Luft, die wiederum meine Gedanken
immer aufs Neue blockiert, zu verdrängen und stattdessen
mit Füllstoff, der aus Kreativität, Inspiration und wasch-
senden Herausforderungen besteht, ständig neu zu ver-
sorgen.

Daher eröffnet mir meine mangelnde Akzeptanz unserer
gesellschaftlichen Monotonie die Möglichkeit, stets wach-
sam zu sein, ein geschultes Auge zu beweisen und meine
Sinne auf das äußerste Maß zu schärfen, sodass der Ein-
druck entsteht, dass der Füllstoff, der die Quelle meines

künstlerischen Schaffen repräsentiert, abgesehen von einigen wenigen Momenten der scheinbaren Leere, bis ins Unendliche verfügbar ist.

Durch diese Tatsache gelingt es mir immer häufiger aus der Kunst zu schöpfen, wobei es eine ständige Bewegung meines Geistes voraussetzt, sodass auf diese Weise jedes Gedicht oder jedes Bild eine neue Herausforderung darstellt.

Am Ende der Betrachtung erkenne ich die Perspektive, da ich mich durch die Kunst definiere und somit über die Möglichkeit verfüge, mich selbst zu entdecken, mich selbst weiter zu entwickeln und mich auch selbst zu verwirklichen.

(Anmerkung: Inspiration? Die Beobachtung des Alltags mit seinen ständigen und nerv-töteten Wiederholungen. Diese Form der Routine verdeutlicht uns schmerzlich, dass die Zeit achtlos und schnell an uns vorbeiziehen kann, ohne das Gefühl gehabt zu haben, Teil des Lebens zu sein.)

(Sommer/Herbst 2001)

Die Kunst und das Selbstbewusstsein

„Kunst kommt tatsächlich von Können"?

„Selbstverständlich, beinahe überflüssig es zu erwähnen,
meinst Du nicht auch"?

„Ja, entweder man kann es oder man kann es nicht".

„Ist dabei das Selbstbewusstsein ein Anzeichen von
Überheblichkeit oder Arroganz"?

„Nein, keineswegs, es ist vielmehr eine gesunde Einstel-
lung zur Arbeit, die notwendig ist, um wunderbare Kunst
überhaupt möglich machen zu können".

„Du meinst also, wenn man als Künstler nicht an das
glaubt, was man macht, sollte man lieber gleich aufhö-
ren"?

(Winter 2002)

(Inspiriert durch Albin Kummer)

Die Herausforderung in der Kunst

Allzu oft grüble ich darüber nach, ob die Kunst mehr als nur ein Geheimnis ist, das niemals gelüftet werden kann und der Reiz in der Kunst nicht auch in seiner ständigen Herausforderung liegt, der ich stets ausgesetzt bin.

Diese ständigen Herausforderungen eröffnen mir die Möglichkeit experimentieren zu können, zu wollen oder gar zu müssen.

Während meines Schaffensprozesses begreife ich schnell, dass sowohl das Kunstwerk als auch die Herausforderung selbst ein Experiment darstellt, welches dann entweder gelingt oder eben nicht gelingt und dass diese beiden Dinge zu einer untrennbaren Einheit verschmelzen.

Dabei sind für mich die Grenzen ohne jegliche Bedeutung, mein Körper befindet sich außerhalb des Geschehens und alles um mich herum erscheint mir gegenstandslos.

Immer stärker spüre ich, dass sich die eigentliche Grenze nur in meinem Kopf abspielt, meine schöpferische Kraft nun an Tragweite gewinnt, eine Form der Besessenheit, die mehr und mehr Besitz von mir ergreift, entsteht, und ein Ende ist daher nie absehbar.

Diese Erkenntnis führt mir vor Augen, dass sich der wahre und echte Künstler nur dadurch beweist, dass er immer bereit ist, ein volles Risiko einzugehen, selbst für den Fall, dass er Gefahr läuft, an einzelnen Herausforderungen vielleicht doch zu scheitern.

(Inspiriert von Pablo Picasso)

(Sommer 2002)

Die Definierbarkeit der Kunst

Häufig wird bei der Betrachtung von einigen wenigen Optimisten der revolutionäre Versuch unternommen, eine Definierbarkeit für die Kunst zu entdecken, wobei allerdings hier zu Beginn schon erwähnt werden muss, dass dieses tollkühne Wagnis letztlich doch nur in einer aussichtslosen Sackgasse endet.

Denn bedenke, Kunst ist meist keine Revolution, sondern vielmehr eine Stimmung oder eine Energie, die den Künstler in seinem Schaffensprozess zu Höchstleistungen vorantreibt, wobei er sich stets in der Unendlichkeit seiner Möglichkeiten bewegt!

Beim künstlerischen Schaffensprozess, der nun zum zentralen Blickpunkt des Geschehens wird, verschmelzen der logische Verstand und die Emotionalität des Menschen zu einer Einheit, um nach einer Form der Vollkommenheit zu streben.

Durch diese Tatsache lernt man in der Kunst das Sehen, da sie den Betrachter die Augen für das Wesentliche öffnen, nämlich für das innere Wesen, die menschliche Seele.

Daher weckt die Kunst ein stärkeres Bedürfnis nach mehr Emotionalität.

Deshalb wird am Ende dieser Betrachtung aus dem vagen Versuch vielleicht doch eine Definierbarkeit für die Kunst zu entdecken, eine geistige und emotionale Aufnahme des Augenblicks entstehen, ausgelöst durch einen gewissen Grad der Spontanität und getragen durch seine Kreativität.

(Herbst 2000)

(Inspiriert durch Torge Eipper)

Die Bedeutung der Kunst

Für mich ist Kunst facettenreich, ausdrucksstark, energiegeladen, sinnlich, poetisch und voller Leben.

Für mich ist Kunst eine nie enden wollende und immer neue Kompositionen aus Formen, Farben, Materialien, Klängen, Tönen und Effekten, die als unverwechselbares Unikat ihre Zuschauer fasziniert.

Für mich ist Kunst eine visionäre Idee, die versucht alles realisierbar zu machen, auch die Dinge, die zunächst nicht realisierbar erscheinen.

Für mich ist die Kunst das Ziel, die Menschen aufzurütteln, sie emotional zu berühren, etwas in ihren Köpfen und Herzen zu bewegen.

Für mich ist Kunst quasi der Spiegel der menschlichen Seele, der all meine Emotionen offenlegt.

Für mich ist Kunst etwas mit Ewigkeitscharakter, was der Nachwelt unbedingt erhalten bleiben muss.

(Frühling/ Sommer 2001)

Fragestellungen zur Kunst

„Was was kann, was darf, was muss Kunst"?

„Ist Kunst die Verbindung von Körper, Geist und Seele"?

„Ist Kunst Ausdruck unseres subjektiven Empfindens"?

„Oder stellt Kunst nur eine inszenierte Provokation des
Alltags dar"?

Auf jedem Fall soll Kunst Fragen stellen dürfen, aber auch
Emotionen auslösen.

Dabei nehmen sich die Künstler Freiräume heraus, die
uns im Extremfall verwirren oder sogar schockieren kön-
nen, sodass sich Kunst von banalen Alltag abheben kann
und den entscheidenden Mehrwert erzeugt, der unsere
Lebensqualität in Form von neuen Erkenntnissen erhöht.

(Sommer/ Herbst 2000)

Kunst: Die Ausdruckskraft

Es entsteht die Frage: „Ist die Kunst eine Befreiung von Akademismus"?

„In jedem Fall will ich sein wie ein unbedarftes Kind, dass völlig unbelastet und unbeeindruckt ein Stück leere Leinwand bemalt".

Dabei offenbart sich mir die Erkenntnis: „Ein Kilo rot ist roter als ein Gramm rot".

Daher benutze ich die Farbflasche als Rakete, die ständig Farbexplosionen auf dem Malgrund verursacht.

So erkenne ich: „Ich male nicht, ich schlage".

Der Erneuerungsprozess treibt mich nun mit voller Energie dazu, meine Gefühle auf der Leinwand ausdrücken zu wollen und schmiere mir, wie von fremder Hand geführt, etwas zusammen, was mich am Ende im positiven Sinne ins Erstaunen versetzt.

(Anmerkung: Inspiration? Die praktische und emotionale Erfahrung mit der Malerei. Ausdruckskraft und Gefühl lassen sich im Schaffensprozess ab sofort nicht mehr trennen.)

(Sommer 2015)

Malerei- Ausdruck des subjektiven Empfindens

Malerei erhebt nie den Anspruch, die Realität naturgetreu abzubilden, sondern ist vielmehr ein Zustand unserer persönlichen Empfindungen.

Diese Empfindungen sind die erweiterte Sicht der Dinge, die uns eine neue Perspektive eröffnen kann, da die Realität unter einen anderen Blickwinkel betrachtet wird.

Diese Form der Betrachtung regt die Vorstellungskraft des Zuschauers an.

Diese Fantasie drückt sich wiederum in der Abbildung einer Landschaft, eines Stilllebens, in der Darstellung von Menschen oder aber auch in der Totalabstraktion aus.

Daher kann der Betrachter seiner Fantasie in den Abbildungen total freien Lauf lassen.

Dabei werden die Darstellungen auf dem Bild zum Spiegel der Seele des Künstlers.

(Sommer 2001)

Die Zeitlosigkeit der Kunst

Manchmal stellt sich jemand die Frage: „Bleibt ein
Kunstwerk wirklich immer zeitlos"?

Nach genauer Überlegung gibt es keinen Zweifel, ein ge-
lungenes Kunstwerk bleibt zeitlos, da es ein Dokument
der jeweiligen Epoche darstellt, das zum Denken, zum
Diskutieren und somit auch zum Lernen animiert.

Dabei wird die Zeit gegenstandslos, zumindest für den
Moment der Betrachtung und ausschließlich nur für den
Betrachter selbst.

Dadurch erlangt ein Kunstwerk eine gewisse Unsterblich-
keit.

Die Unsterblichkeit eines Kunstwerkes ist ein Ausdruck
der Seele des Künstlers.

Hierbei wird erkennbar, dass der Künstler seine Emotio-
nen mit ganzer Kraft in das Kunstwerk eingebracht hat,
sodass für den jeweiligen Betrachter die Botschaft vermit-
telt wird, die stets zum wichtigen Lehrstoff des Lebens für
die Gegenwart und Zukunft werden kann und auf diese
Weise letztlich die Zeitlosigkeit der Kunst dokumentiert.

(Winter/Frühjahr 1999)

Die Unsterblichkeit der Kunst

Der Künstler bringt die Menschen zum Träumen, bewegt
ihre Emotionen, positiv wie negativ.

„Jedoch wie erreicht ein Künstler diese enorme Wirkung
bei uns Menschen"?

Der Künstler erreicht diese Wirkung, indem er auch daran
arbeitet, dass die Kunst eine ständige Erweiterung erfährt.

Dabei ist das Aufregende und Spannende an der Kunst,
dass sie nicht ausstirbt, dass sie von einem zum anderen
geht.

Die Kunst baut quasi auf die Leistung des bisher Gewese-
nen auf.

Daher hat die Kunst eine unendliche Überlebenskraft.

(Sommer 2003)

Der Vergleich Kunst und Wissenschaft

Das höchste geistige Gut des Menschen ist die Kunst.

Denn die Kunst ist die erweiterte Sicht der Dinge.

Das logische Erfassungsvermögen der Wissenschaft wird
von der Kunst überholt.

Die Kreativität ist entstanden, es lebe die Kunst

Das Gleichnis zwischen Kunst und Wissenschaft ist nun
gebrochen.

So steht die Kunst über allen, auch über der Wissenschaft.

(Inspiriert durch Torge Eipper)

(Herbst 2000)

Der Vergleich Kunst und Philosophie

Ständig bewege ich mich zwischen der Welt der Kunst und der Philosophie, springe dabei quasi zwischen den beiden Welten hin und her, wobei aber beide Welten für sich isoliert betrachtet, unterschiedliche, wenn nicht sogar gegensätzliche Ziele verfolgen.

Die Gegensätzlichkeit der Ziele bestimmt mein Leben entscheidend in unterschiedliche Richtungen, sodass ich immer stärker mit der Situation eines Konfliktes zu kämpfen habe, da in der Philosophie die Suche das entscheidende Element ist während in der Kunst das Finden Gegenstand der Betrachtung wird.

Die Suche in der Philosophie, die durch eine kaum vorher zu erahnenden Wandlungsfähigkeit begleitet wird, ist für mich eine Gelegenheit, bestimmte Dinge bewusster wahrzunehmen, sodass ich alles um mich herum Schritt für Schritt mehr und mehr begreife, indem ich auf diesem Wege meine Willigkeit signalisiere, mich selbst besser verstehen zu lernen.

Hingegen in der Kunst ist für mich die Suche ein Vergeuden der Zeit, da sich der Künstler der unnötigen Gefahr aussetzt, das Nicht-Ausdrückbare ausdrücken zu wollen, sodass er ohne es zu bemerken, falsche Visionen folgt und sich dadurch unweigerlich in das Labyrinth eines Irrgartens hinein bewegt, wo nun die Schwierigkeit für ihn darin besteht, aus der Vielzahl von Möglichkeiten wieder den richtigen Weg nach draußen zu finden.

Daher bin ich in der Kunst ein Beobachter und Entdecker zugleich und finde ich den idealen Moment, so wird dieser auch sofort festgehalten und verleiht damit dem geschaffenen Werk seinen charakteristischen Ausdruck.

Am Ende erkenne ich das Zusammenspiel zwischen Wirkung und Ursache, indem ich lerne, dass sich beide Welten trotz beziehungsweise wegen ihrer gegenseitigen Bereitschaft zum Konflikt ideal zueinander ergänzen, sodass sich für mich auch ein Verhältnis der gegenseitigen Abhängigkeit zwischen Suchen und Finden entsteht.

(Inspiriert von Pablo Picasso)

(Sommer 2001)

Die Philosophie der Kunst

Die Kunst ist ein vielseitig verwendbares Werkzeug, welches aber erst durch seine gewaltige und explosive Schaffenskraft entsteht.

Die Kunst lässt sich niemals wirklich erklären oder ergründen, sondern man muss sie einfach fühlen.

Die Kunst ist ein Ausdruck der emotionalen Befreiung.

Die Kunst sollte daher nur die reine Inspiration des Künstlers sein.

Die Kunst stellt nicht die Sichtweise des außenstehenden Betrachters dar, sondern vielmehr die des Schaffenden.

Kunst bedeutet auch: „Vertraue Deinen Visionen und erschaffe eigene Welten, neue Dimensionen"!

(Frühling/ Sommere 2001)

Die Kunst und die Konsumwelt

Im Museum betrachtet der Besucher heutzutage vergolde-
te Einkaufswagen auf Drehpodesten, silberne Rasierklin-
gen auf rotem Grund, eine Wand aus Synthetik-Pelz mit
verchromten Bronzeplastiken und sorgfältig arrangierte
Einkaufstüten und Designerschuhe.

Dabei entsteht für den Betrachter die Frage: „Ist die Welt
in der wir leben, nur noch ein riesengroßes und konsum-
gesteuertes Kaufhaus"?

Diese Form der Kunst zeigt ein Lebensgefühl unserer
Zeit, die keine Moral predigt.

Hierbei könnte die Konsequenz sein, dass die Kunst ein
Instrument des zeitlich begrenzten Modegeschmacks
wird.

In so einem Fall wäre die Kunst vergänglich und dadurch
zur Bedeutungslosigkeit bestimmt.

„Ist Kunst daher in einer Welt des Massenkonsums über-
haupt noch möglich"?

(Ende 1999)

Die Kunst und die Wirklichkeit

„Die Wirklichkeit erschlägt die Kunst"?

„Die Motive nur noch eine Zumutung für den Künstler"?

Gesellschaftlicher Leerlauf auf vollen Touren, geprägt
durch Desinteresse, Überforderung, Gleichgültigkeit und
Oberflächlichkeit der Menschen.

„Symptomatisch für unseren heutigen Zeitgeist"?

Die unerträgliche Kälte der Gesellschaft und mangelnde
Tiefgründigkeit führen in der Kunst auf dem Versuch
zurück, sie umzubringen und verleihen ihr dadurch eine
gewisse Gültigkeit.

„Ist dies jetzt die letzte und absolute Konsequenz"?

(Sommer/Herbst 1999)

Die erkennbare Logik

Häufig fragt sich der Mensch, was die erkennbare Logik
eigentlich ist und verbindet damit meist nur den kühlen
und sachlichen Verstand, aber ich sage, es ist mehr als die
nüchternen Erkenntnisse, die uns oft in der Wissenschaft
vor Augen geführt werden und stets gewissen gesetzlichen
Gegebenheiten unterliegen, die man sich in vielerlei Fällen
sogar relativ einfach erklären kann.

Denn in der Kunst entsteht für mich ein Ergebnis aus
dem Bauch heraus, welches ein Gefühl charakterisiert, das
niemand vollständig geistig erfassen kann, aber wo am
Ende das Ergebnis in der Logik doch erkennbar ist.

Daher habe ich zeitweilig das Gefühl, dass der Verstand
mit mir macht, was er will, wobei die Kunst zu einer Be-
gegnung gewollter Zufälligkeiten wird, die mir mysteriös
erscheinen.

Hierbei kommt eine Erforschung meiner Sinne immer
stärker zum Ausdruck und zwar so, dass ein Reiz genau
den Nerv bei mir trifft, der mich ab sofort zu einem
enormen Schaffensdrang vorantreibt, der nur schwer er-
klärbar ist.

Deshalb bewirkt die Erforschung meiner Sinne nun den
Einsatz von Bewusstsein und Unterbewusstsein, wobei
Konkretisierung oder aber auch Abstraktionen möglich
werden.

Dabei erkenne ich immer mehr, dass die Logik wahrhaftig nicht nur der rationale Geist des Menschen ist, sondern eine in sich im Ergebnis erkennbare und schlüssige Struktur darstellt, die genauso aus Einflüssen aus unserer Gefühlswelt entstehen kann.

(Herbst 2001)

Die Kunst der Betrachtung

Leicht ist es nicht, die Kunst der Betrachtung zu beherrschen, so fühle, erlebe und genieße den Augenblick in der Kunst, aber versuche niemals das innere Wesen der Kunst wirklich zu ergründen, da dieses sonst dessen Reiz zerstört!

Bei intensiver und näherer Betrachtung bemerkt der Beobachter, dass der Schaffende die Kraft des Ausdrucks in der Kunst nur dadurch erreicht, indem man seine Emotionen zu eigen macht, wobei allerdings die Schwierigkeit darin besteht, die Emotionen auch tatsächlich bewusst einsetzen und kontrollieren zu können.

Offen und ehrlich muss jeder in diesem Zusammenhang erkennen, dass dieses Bestreben schwer, wenn nicht sogar fast unerreichbar ist, aber wenn dieses jedoch gelingt, kann man wirklich begreifen, was es bedeutet, ein Künstler zu sein.

Dabei ein Künstler zu sein, bedeutet nicht so sehr, dass man die Natur oder die Realität nachahmt, nein eher im Gegenteil, man muss vielmehr die Welt mit anderen Augen sehen und betrachten können.

Daher erfordert nun die echte und wahre Kunst die absolute Konsequenz, was soviel heißt, das man die Natur oder die Realität gar deformiert, damit etwas vollkommen Neues entsteht.

Denn nur der Künstler selbst verfügt über die hier be-
schriebene Gabe, neue und bis dahin unbekannte Visio-
nen ins Leben zu rufen und auch andere Wege zu gehen,
was ein außenstehender Betrachter niemals vermag.

(Herbst 2001)

Meisterwerk oder nicht Meisterwerk?

Im Museum betrachte ich sehr eindringlich ein Kunstwerk.

Dabei stelle ich mir die nahestehende Frage: „Meisterwerk oder nicht Meisterwerk"?

Ich entdecke, Vollkommenheit ist nicht zwangsläufig immer gefordert, um ein Kunstwerk als Meisterwerk wahrzunehmen.

Entscheidend ist hier vielmehr die individuelle Ausdruckskraft des Künstlers wie Spontanität, Frische, Leidenschaft und Gefühl.

Gelegentlich muss der Schaffende sogar Fehler akzeptieren, da gerade diese dem Kunstwerk den geforderten Charakter oder den gewissen Charme verleiht.

Es muss quasi meine Seele berühren, nur dann ist es auch wirklich ein Meisterwerk.

(1999/2000)

(Inspiriert durch Torge Eipper/Albin Kummer)

Die notwendigen Eigenschaften des Künstlers

Nach Vollendung eines Kunstwerkes steht jeder Künstler
auf dem Prüfstein und stellt sich die Frage: „Was macht
einen wahren Künstler aus"?

Bei genauer Betrachtung des vollendeten Kunstwerkes
sind es die Eigenschaften Inspiration, Kreativität, Sensibi-
lität, Individualität und Egoismus.

Die Schöpfungsquelle des künstlerischen Schaffens ist die
Inspiration während die Kreativität die Welt des Künstlers
ist.

Dabei erlangt man die Gewissheit, dass die Sensibilität, die
im vollendeten Kunstwerk zum Vorschein kommt, das
innere Wesen des Künstlers zum Ausdruck bringt.

Die Individualität im vollendeten Kunstwerk unterstreicht
deutlich die Persönlichkeit und die Authentizität des
Künstlers, was ihm wiederum einzigartig macht.

Am Ende der Betrachtung sollte man nicht versäumen zu
sagen, dass für viele Kunstwerke auch die Notwendigkeit
des Egoismus erforderlich ist, da der Künstler in seiner
Schöpfungsperiode meist keine Rücksichten nehmen
kann, die seinen Schaffen entgegenstehen, viele Kunst-
werke würden sonst nie entstehen.

Der rastlose Künstler

Der Künstler ist ein unruhiger, aber auch ein kreativer und wachsamer Geist.

Nirgendwo ist er wirklich zuhause.

Der Zwang etwas Neues zu entdecken, macht ihm zum Rastlosen, zum ewig Suchenden, der sich durch die Kunst findet.

Der Künstler muss quasi immer auf Reisen sein, neue Wege suchen, um seinen Wissensdurst zu stillen.

Bleibt er zu lange an einen bestimmten Ort, besteht die Gefahr der erschreckenden Trägheit und der gefährlichen Faulheit.

Und die Konsequenzen wären absolut fatal.

(Sommer 2002)

Der Künstler und das Chaos

Meist braucht der Mensch die Ordnung als Hilfe der Orientierung.

Allerdings gilt dieses nicht für den Künstler, da er das Chaos benötigt und kaum einer begreift das Warum.

Denn das Chaos bedeutet Unordnung im Leben eines jeden einzelnen Menschen.

Aber durch die Unordnung kreiert der Künstler häufig etwas vollkommen Neues und Großartiges.

Während die Ordnung das Reizvolle der Kunst vermissen lässt, seinen Sinn zerstört und dessen Ende signalisiert.

Daher garantiert nur das Chaos die Schaffenskraft des Künstlers, die durch seine Inspiration und Kreativität getragen wird.

(Frühjahr 2003)

Der Schicksalsweg des Künstlers

Der Künstler begibt sich auf einem langen Pfad der Wan-
derschaft, stets im Kampf um Anerkennung und Würdi-
gung seiner Arbeit und das schwere Gepäck, was er dabei
zu tragen hat, ist die Verzerrung des Geistes und der
Emotionen während seines Schaffensprozesses, wobei
immer die Gefahr der totalen Erschöpfung und manchmal
sogar der fatalen Selbstzerstörung besteht.

Der Künstler ist sich in der Regel des Risikos durchaus
bewusst, aber das Schicksal lässt ihm oftmals keine andere
Wahl, er geht seinen Weg trotzdem weiter, alles andere
wäre inkonsequent, da sonst kein Ziel erkennbar wäre und
das zuvor Gewollte würde vor seinen Augen verschwin-
den, er wäre quasi dazu verdammt als Blinder im Dunkeln
zu tappen, mit dem Ergebnis nie wieder sehen zu können.

Sein Weg des Schicksals ist durch seine Einsamkeit und
Isolation geprägt, da der Künstler seinen Pfad oft allein
beschreiten muss.

Die Einsamkeit und Isolation entsteht meist dadurch, dass
der Künstler auf seinen Weg des Schicksals meist von
niemandem wirklich erkannt wird.

Die Erkenntnis, meist nie wirklich erkannt zu werden,
führt beim Künstler häufig zu Bitterkeit und vielfach auch
zu Traurigkeit, aber dennoch ist der Künstler immer noch
bereit, seinen Weg des Schicksals weiterzugehen.

Denn sein Weg des Schicksals ist hierbei auch die Hoffnung zu behalten, vielleicht von jemandem erkannt zu werden und den verdienten Lohn in Form von Anerkennung und Würdigung für seine Arbeit zu erhalten, was letztlich bedeuten würde, dass der Künstler sein Ziel am Ende doch erreichen kann.

(Sommer 2000)

Die Einsamkeit des Künstlers

Ein außenstehender Betrachter beschäftigt sich mit dem Gedanken: „Warum führt der Künstler einen Kampf mit der Einsamkeit"?

Einerseits bekommt der Künstler Bewunderung und Anerkennung für sein Können, aber andererseits wird er oft nie wirklich verstanden.

Für den Künstler bedeutet die Kunst ein Stück Lebenskraft und fristet daher ein typisches, fast klassisches Außenseiterdasein.

Hierbei ist der Künstler meist nie Bestandteil des gesellschaftlichen Lebens, sondern er ist ein Zuschauer, der das gesellschaftliche Treiben aus einer sicheren Distanz kritisch beobachtet.

Daher ist das Beobachten die wahre Triebfeder des Künstlers.

So muss der Künstler am Ende erkennen, dass er zur Einsamkeit verdammt ist, da sonst eine Blockade seines Schaffens entstehen würde und akzeptiert den zu zahlenden Preis.

(Herbst 1999)

Die Kunst und seine Kritiker

Viel wird über die Kunst geschrieben und diskutiert.

Dabei erkenne, dass die Kunst keine Wissenschaft ist!

Dennoch wird von außenstehenden Betrachtern, welche man in allgemeinen als Kenner und Experten bezeichnet, der Versuch unternommen, ein Urteil über die Kunst abzugeben.

Sicher erzielt es für viele Menschen einen hohen Wert an Unterhaltung, aber letztlich enttarnt man den Versuch oftmals als einen Akt der Lächerlichkeit, vielleicht sogar der Peinlichkeit.

Denn Kunst bedeutet Können in Verbindung mit Kreativität und Inspiration.

Darüber hinaus bringt jeder echte Künstler ein Stück seiner Seele in das Kunstwerk ein, sodass es ausschließlich einen Rückschluss zulässt, dass nur der Künstler selbst über seine Kunst zu urteilen vermag.

(1999/ 2000)

Die Kunst und die Politik

Soviel ist sicher, der wahre Künstler duldet weder eine Zensur noch sonstige Beschränkungen, sondern er beansprucht und fordert sogar seine Freiräume, um seine Individualität klar und deutlich zu unterstreichen.

Daher entsteht für den Künstler in diesem Zusammenhang die Frage: „Wie beschreibt er nun sein Verhältnis zur Politik"?

Für den Künstler besteht stets die Gefahr, dass die Politik versucht Besitz von seiner Identität zu ergreifen, um sie am Ende wohlmöglich vielleicht doch noch zu zerstören.

Also Vorsicht ist geboten, da ein Künstler immer bestrebt sein sollte, den Versuchungen nicht zu erliegen, damit man sich niemals für politische Zwecke missbrauchen lässt.

Selbstverständlich ist uns Künstlern auch bewusst, vollständig verschließen vor der Politik können wir uns nicht, da es durchaus eine Antriebskraft unseres Schaffens darstellen kann.

Jedoch sollte jeder Künstler bemüht sein, seine gesellschaftskritische Botschaft so stark wie möglich zu verallgemeinern, um letztlich seine Persönlichkeit, seine Identität und somit auch seine Unabhängigkeit zu bewahren.

(Sommer 2003)

Ai Weiwei: Der Homo politicus

Sichuan: Eine bisher fremde chinesische Provinz bebt mit Stärke 7,9 für ca. zwei Minuten, fordert aber Hunderttausende von Menschenopfern, die schwer verletzt oder sogar grausam aus dem Leben gerissen werden, darunter auch mehr als 5.000 Schüler, die laut diktatorischer Politik in jedem Fall namenlos und unbekannt bleiben sollen.

Die eisige Kälte des Schweigens ruft den Homo politicus auf dem Plan, der sensible Antennen für Auswirkungen für politische Willkür besitzt, die wiederum aus grobfahrlässiger Bautechnik und lebensgefährlicher Korruption besteht.

Den menschenverachtenden Skandal aufdeckend wird der Homo politicus von der Staatsgewalt brutal und grausam krankenhausreif geschlagen, wobei ihm nur eine Not-OP im fernen Ausland das Leben rettete.

Jedoch die chinesische Staatsgewalt, die weltweit Empörung auslöste, stärkte nur dem unerschrockenen Kampfgeist des Regimekritikers, der ungebrochen seinen einsamen Weg, in Kampf gegen das schreiende Unrecht in seinem Heimatland weitergeht.

Aus dem Künstler, der sich zuvor nur gelegentlich politisch äußerte, ist ein Vollzeitdissident gewachsen, für den jede Geste, jede Äußerung und jedes künstlerische Projekt eine politische Komponente beinhaltet.

Angeschoben von seiner inneren Überzeugung, macht er die namenlosen Opfer öffentlich und sagt: „Ein Name ist die erste und letzte Kennung, an der die Rechte des Einzelnen festgemacht werden können, das einzig Feststehende in der sich ständig verändernden Welt der Menschen: Ein Name ist gleichsam unser fundamentalste Menschenrecht: Jeder lebende Mensch hat einen Namen, egal wie arm oder reich er ist, und mit diesem Namen sind alle möglichen Segenswünsche in der Hoffnung auf ein gutes rechtsschaffende Leben verbunden".

(Hinweis: Erdbebenunglück von 12.Mai 2008, um 14.28 Uhr)

(Sommer 2015)

Die Verantwortung der Kunst

Privat bin ich meist kein Mensch, der sich offiziell beklagt, sondern eher ein individueller Charakter ist, der stillschweigend seine Konsequenzen zieht.

Hingegen die Kunst fordert von mir, dass ich die Welt öffentlich hinterfrage, da Kunst Verantwortung bedeutet, wobei mich nicht nur der rein sachliche Blick interessiert, sondern auch der zwischenmenschliche Aspekt.

Dabei ist für mich die Kunst eine emotionale Ausdrucksform des Idealismus, die absolute Konsequenz erfordert.

Das Ziel kann sein: „Suche Dir ein Lebensthema und verfolge es"!

Kunst kann in diesem Zusammenhang eine gesellschaftskritische Protestnote sein, die sowohl lautstark als auch still, fast unauffällig im Verborgenen erteilt werden kann.

Daher frage ich mich: „Ist Kunst ein Symbol des Widerstandes und der Erkenntnis"?

(Sommer 1998)

Die Notwendigkeit der Kunst

Meines Erachtens ist es eine Tatsache, dass wir Menschen ohne ernsthafte Kunst nicht existieren können.

Daher ist es nach meinem persönlichen Empfinden gefährlich, wenn Kunst nur dazu da ist, das Leben ein wenig zu erleichtern oder zu verschönern.

Stattdessen sollte jeder Kunst mit Schönheit, Reflexion und sozialen Anspruch verbinden.

Wir müssen quasi wieder lernen, unsere Seele zu erforschen, auszuleben, sie nach außen zu kehren.

Dadurch wird mein Dasein als Künstler zum Imperativ.

Für mich entsteht nun die Verpflichtung, meine Kunst zu leben und zwar unter jeder gesellschaftlichen Bedingung.

(Frühjahr 2003)

Die multikulturelle Kunst

In der Kunst gibt es keinen Nationalismus.

Daher spricht die Kunst eine internationale Sprache.

Die Kunst wird quasi zu einer multikulturellen Stätte der
Begegnungen.

Dabei vermittelt Kunst die Sehnsucht nach Nähe und ist
die Reflexion unseres Daseins.

Dadurch wird Kunst auch zu einem Mittel der Verständi-
gung.

Diese Form der Verständigung wiederum ermöglicht dem
Künstler den notwendigen Prozess der ständigen Erneue-
rung in seiner Arbeit zu vollziehen, und für den Betrach-
ter wird die Begegnung mit der Kunst zu einer Schule der
produktiven Wahrnehmung.

(Inspiriert durch Marc Chagall)

(Sommer 2002)

Kunst: Ein Spiegel der Gesellschaft

Erkenne die Kunst als eine Notwendigkeit für jede Gesellschaftsform, da sich die Gesellschaft durch seine Kunst ausdrücken kann!

Kunst wird quasi zu einem Netz aus Bewegung im öffentlichen Raum, dass unsere Gesellschaft mit unseren Gefühlen, unseren Empfindungen und somit auch mit unserer Seele konfrontiert.

Kunst ist die Erfahrung dieser ständigen Bewegungen, die uns kaum Zeit einräumen, Luft zu holen, und wir sind gezwungen, unserem Geist stärker zu bemühen, uns für neue Dinge des Lebens zu öffnen.

Dabei entsteht für ganz kurze Zeit eine Leere, die uns die Chance eröffnet, sich zu verändern, sich weiter zu entwickeln und bringt dadurch die neuen Dinge des Lebens in Fluss.

Damit ist die Kunst die andauernde Definition vom öffentlichen Raum, von öffentlichen Dialog und Bewusstsein, von der Wahrnehmung der Welt und letztlich von uns selbst in der Gesellschaft.

Daher spiegelt sich der Geist der Gesellschaft in der Kunst wieder.

(Sommer 2000)

Klappentext und Autorenvita

Der Künstler Jan Kern, Jahrgang 1968, studierte in Hamburg Wirtschaftswissenschaften und Kunstgeschichte.

Der Sinn des Lebens

Irgendwann beginne ich zu grübeln, was der Sinn des Lebens sei.

Dabei entsteht eine Lust des Lernens und entwickle sich sogar zu einer Lust.

Daher wird das Leben zu einem Prozess des Lernens.

Beende ich das Lernen, höre ich auf zu leben.

Da aber das Lernen das Leben bedeutet, lebe ich.

Die Frage nach dem Sinn des Lebens beantwortet sich nun von selbst, es ist das Lernen.

Auch erhältlich

Thomas Sichelschmied
Marsdämmerung

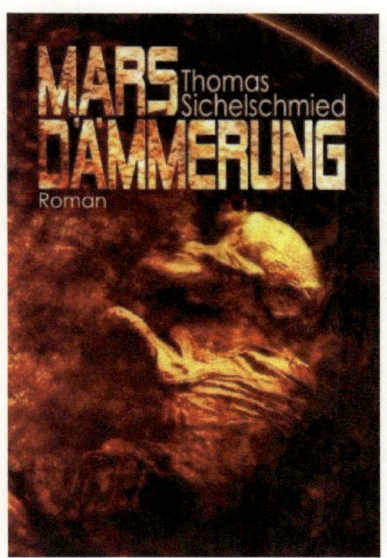

2087, der Kontakt zur Relaisstation MZ-4 auf Phobos, dem
größeren der beiden Marsmonde, ist abgebrochen. Alle Versu-
che, die Probleme von der Erde aus zu beheben, schlagen fehl.
Ein Schiff mit Technikern an Bord wird entsandt. Unter ihnen
befindet sich auch Simon Hauser, ein Wartungsarbeiter für Ibu-
Profatoren. Wobei Profatoren nur wenig mit solaren Sendean-
lagen gemein haben und er sich schon fragt, weshalb man gera-
de ihn für diesen Auftrag ausgewählt hat.

Angekommen auf MZ-4, finden sie die Station verlassen vor. Gravitation und Sauerstoff sind noch intakt. Auf den Gängen verstreut, liegen bizarre fleischliche Gebilde und lange Schlieren, wie von Raubtierkrallen gezogen, verlaufen im Stahlkomposit der Wände. Was auch auf MZ-4 geschehen sein mag, es ist nicht gut ausgegangen.

Doch erst als die Veränderungen beginnen, erkennen Hauser und seine Kollegen, in welchen Albtraum sie tatsächlich geraten sind.

Marsdämmerung – eine Hommage an die blumigen 3-D-Spiele der 90er-Jahre

Ab Ende 2021 erscheint die Marsdämmerung als Neuauflage im KOVD-Verlag